AF495000

J. BARBEY D'AUREVILLY

UNE Page d'Histoire (1603)

PRIX : 1 FRANC

PARIS
ALPHONSE LEMERRE, ÉDITEUR
27-31, PASSAGE CHOISEUL, 27-31

M DCCC LXXXVI

UNE

Page d'Histoire

J. BARBEY D'AUREVILLY

UNE

Page d'Histoire

(1603)

PARIS
ALPHONSE LEMERRE, ÉDITEUR
27-31, PASSAGE CHOISEUL, 27-31

M DCCC LXXXVI

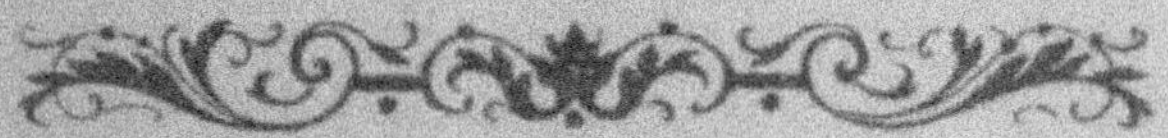

A M. Louis de Ronchaud

*C*ETTE *histoire criminelle, mais touchante, rapportée dernièrement de mon pays, je vous la dédie, à vous qui avez, pour l'achever, l'imagination du poète, — cette imagination qui n'est jamais plus puissante que devant l'Inconnu et le Mystère.*

Ce n'est pas pour le coup de hache qui la

termine que je vous l'offre ; c'est pour tout ce qui a dû précéder ce coup de hache, et que vous rêverez... comme moi.

Votre ami de l'heure tardive, mais fixe désormais.

J.-B. D'A...

UNE PAGE D'HISTOIRE

(1603)

I

De toutes les impressions que je vais chercher, tous les ans, dans ma terre natale de Normandie, je n'en ai trouvé qu'une seule, cette année, qui, par sa profondeur, pût s'ajouter à des souvenirs personnels dont j'aurai dit la force — peut-être insensée — quand j'aurai écrit qu'ils ont réellement force de spectres... La ville que j'habite en ces contrées de l'Ouest, — veuve de tout ce qui la fit si brillante dans ma prime jeunesse, mais vide et triste maintenant comme un sarcophage abandonné, — je l'ai, depuis bien longtemps, appelée « la ville de mes spectres, » pour justifier un amour incompréhensible au regard de mes amis qui me reprochent de l'habiter et qui s'en étonnent. C'est, en effet, les spectres de mon passé évanoui, qui m'attachent si étrangement à elle. Sans *ses* revenants, je n'y reviendrais pas!

Lorsque j'y marche, par ses rues désertes aux pavés clairs, ce n'est jamais qu'accompagné de ces fantômes, qui n'ont pas, ceux-là, d'heure pour nous hanter et qui ne reviennent pas que dans la nuit, tirer nos rideaux sur leurs tringles et mettre sur nos bouches *ce qui fut leur bouche*, et où l'haleine qui nous enivra ne se retrouve plus!... Pour moi, fatalement obsédants, ces spectres reviennent, même de jour, même jusqu'en ces rues dont la clarté ne les chasse pas, et ils s'y dressent à côté de moi par les plus étincelantes journées comme s'ils étaient dans la nuit, l'enveloppante nuit qu'ils aiment et sur laquelle, quand elle serait là, je ne les discernerais pas mieux... Que de fois de rares passants m'ont rencontré, faisant ma mélancolique randonnée dans les rues mortes de cette ville morte, qui a la beauté blême des sépulcres, et m'ont cru seul quand je ne l'étais pas! J'avais, autour de moi, tout un monde, — tout un monde de défunts, sortant, comme de leurs tombes, des pavés sur lesquels je marchais, et qui, groupe funèbre, me faisaient obstinément cortège. Ils se pressaient à mes deux coudes, et je les voyais, avec leurs figures reconnues, aussi nettement, aussi lucidement qu'Hamlet voyait le fantôme de son père sur la plate-forme d'Elseneur.

Mais ce n'est pas d'eux, — les familiers et les intimes, — ce n'est pas de ces spectres qui sont les miens, que je veux parler aujourd'hui. C'est de deux autres.

Deux autres, qui m'ont apparu aussi, cette année, à la distance de trois siècles d'histoire, et qui se sont enfoncés en moi, comme si je les avais connus, substances vivantes, créatures de chair visibles, qu'il faut toucher des yeux et des mains pour être sûr qu'elles ont existé dans les conditions de cette vie maudite, où les corps ne sont pas transparents et où les êtres que nous avons le plus aimés n'ont plus de nous que l'étreinte de nos rêves et doivent éternellement rester pour nos cœurs un mystère de doute, de regret et de désespoir !... L'histoire de ces deux spectres, qui probablement vont, je le crains bien, se joindre au sombre cortège de ceux-là qui ne me quittent plus ; — cette histoire dont j'ai, en courant, ramassé comme j'ai pu les traces effacées par le temps, la honte et la fin d'une race, et qui s'est attachée à mon âme mordue, comme le taon acharné à la crinière du cheval qui l'emporte, a justement cette fascinante puissance du mystère, la plus grande poésie qu'il y ait pour l'imagination des hommes, — et peut-être, à la portée de ces Damnés de l'ignorance, hélas! la seule vérité!

Elle s'est passée, d'ailleurs, cette mystérieuse histoire, dans le pays le moins fait pour elle, et où il fallait certainement le mieux la cacher... Et elle y a été cachée! Et tout à l'heure, en ce moment, malgré l'effort posthume des curiosités les plus ardentes, on ne l'y sait pas bien encore! Impossible à connaître dans le fond et le tréfond de sa réalité, éclairée uniquement par la lueur du coup de hache qui l'entr'ouvrit et qui la termina, cette histoire fut celle d'un amour et d'un bonheur tellement coupables que l'idée en épouvante... et charme (que Dieu nous le pardonne!) de ce charme troublant et dangereux qui fait presque coupable l'âme qui l'éprouve et semble la rendre complice d'un crime peut-être, qui sait? envieusement partagé...

II

DANS le temps où cet amour et ce bonheur, qui durent être inouïs, pour être si coupables, s'enveloppèrent de ténèbres trahies, comme elles le sont toujours, par des sentiments incompressibles, il y avait pourtant une fière énergie dans les cœurs. Les passions, plus mâles que dans les temps qui ont suivi, étaient montées à des diapasons d'où elles sont descendues, et où elles ne remonteront probablement jamais plus. C'était vers la fin du XVIe siècle, — de ce siècle de fanatisme et de corruption, qu'italianisa Catherine de Médicis et cette race des Valois qui furent les Borgia de la France. Alors, il y avait en Normandie, — la solide Normandie, où les hommes, robustement organisés, gardent mieux qu'ailleurs la possession d'eux-mêmes, — une famille de seigneurs venue de Bretagne vers 1400, et devenue, depuis plusieurs générations, *terriennement* normande. Elle habitait sur la côte de la Manche, à l'est, et non loin de Cherbourg, un château fortifié par une tour, qui, de cette tour, s'appelait Tourlaville. Comme tous les châteaux du Moyen Age, ç'avait été longtemps une fortification de guerre, mais le génie amollissant de la Renaissance l'avait transformé, et préparé pour cacher des passions et des voluptés criminelles et pour les destinées qui, plus tard, se sont accomplies.

La famille qui vivait là portait sans le savoir un nom fatidique. C'était la famille de Ravalet... Et, de fait, elle devait un jour le *ravaler*, ce nom sinistre! Après le crime de ses deux derniers descendants, elle s'excommunia elle-même de son nom. Elle s'essuya de l'ignominie de le porter, et ainsi elle se tua et mourut avant d'être morte.

Elle avait bien, du reste, mérité de mourir. Seulement, elle ne mourut pas comme les autres familles coupables et condamnées. Dieu fit une navrante exception pour elle. Cette *outlaw* de Dieu qui avait violé toutes ses lois, devait violer, en dernier, la loi providentielle des expiations divines. Chez elle, ce ne furent pas les plus coupables d'une famille sacrilège, dépravée et féroce, qui payèrent pour leurs crimes et les crimes séculaires de leur race. Ce ne furent pas des innocents non plus, — des innocents, qui rachètent tout avec leur innocence! Chez les Ravalet, il n'y avait pas d'innocents! Mais ce furent des coupables d'un crime différent des crimes de leurs pères, — de l'abominable lignée des crimes de leurs pères, et qui à ces crimes ajoutèrent le leur, que leurs pères n'auraient pas commis! En effet, dans celui-ci, du moins, il se retrouva — égaré et contaminé, il est vrai, par les vices héréditaires d'une race perdue, — un jet soudain de nature humaine reparue, que depuis longtemps on ne voyait plus et qu'on ne supposait même plus possible dans la poitrine sans cœur de ces Ravalet !

III

Tous avaient été, de génération en génération, des hommes particulièrement impitoyables. Tous, sans exception, avaient tué dans leurs âmes les sentiments humains, comme ils tuaient les hommes. Le caractère le plus marqué de leur terrible race avait été une atroce impitoyabilité. Tempéraments aussi absolus qu'indomptables, dont les passions avaient la faim des tigres, c'étaient de ces gens qui croyaient le monde créé pour eux, et qui, pour faire cuire seulement l'œuf de leur déjeuner, auraient incendié toute une ville. Quand ils s'avisaient d'être débauchés, c'était de la débauche qui va jusqu'au sang et jusqu'à la mort... Un jour, l'un d'eux avait enlevé à un de ses écuyers une jeune fille qu'il aimait, et l'ayant violée, il l'avait tuée à coups de boule à quilles, dans un des fossés du château. Pour lui, elle n'avait été qu'une quille de plus ! Un autre, en sortant ivre d'une de ces orgies nocturnes, comme ce damné château était accoutumé d'en voir, et se présentant le matin à la communion, passa son épée à travers le corps du prêtre qui la lui avait refusée, et le massacra, tenant l'hostie, sur les marches même de l'autel. Un troisième avait assassiné son frère de ses propres mains, et avait mis le signe de Caïn sur sa race qui, un jour, devait l'y retrouver... Tout tremblait, dans un pays qui, d'ordinaire, ne tremble devant rien, quand on pensait aux Ravalet, et l'horreur pour ces hommes tragiques était devenue si forte, qu'on s'attendait à voir sortir d'eux, un jour ou l'autre, non plus des créatures à visages d'hommes ou de femmes, mais des êtres à forme et à face inconnues, et on disait dans le pays, à chaque grossesse d'une Ravalet, avec un frisson de curiosité et d'épouvante : « Que va-t-il nous tomber de ce ventre ? Que va-t-il nous vomir d'affreux sur la contrée ? » Mais cette horrible attente fut trompée. Les monstres qu'on attendait furent deux enfants de la plus pure beauté, qui sortirent tout à coup un jour, comme deux roses, de cette mare de sang des Ravalet.

Analogie singulière et mélancolique ! Dans l'écusson des Ravalet, il y avait, fleurissante, une rose en pointe. Il y en eut aussi deux à l'extrémité de leur race, mais ces deux-là portaient dans leur double corolle la cantharide qui devait leur verser la mort dans ses feux... Julien et Marguerite de Ravalet, ces deux enfants, beaux comme l'innocence, finirent par l'inceste la race fratricide de leur aïeul. Il avait été, lui, le Caïn de la haine. Ils furent, eux, les Caïns de l'amour, non moins fratricide que la haine ; car en s'aimant, il se tuèrent mutuellement du double coup de couteau de l'inceste, qu'ils avaient voulu tous les deux.

Hélas! comment le voulurent-ils? Comment s'aimèrent-ils, ces infortunés contre qui le monde de leur temps n'éleva jamais aucun autre reproche que celui de leur amour?... Ce qui fait de l'inceste un crime si rare, c'est l'*accoutumance*. Dans le château solitaire où ils furent élevés, Julien et Marguerite de Ravalet avaient dû, à ce qu'il semblait, assez s'*accoutumer* à eux-mêmes pour que leur dangereuse beauté ne fût pas mortelle à leurs âmes; mais ils étaient la dernière goutte du sang des Ravalet, et leur fatal amour fut peut-être leur inaliénable héritage... Qui a jamais su l'origine de cet amour funeste, probablement déjà grand quand on s'aperçut qu'il existait?... A quel moment de leur enfance ou de leur jeunesse trouvèrent-ils dans le fond de leurs cœurs la cantharide de l'inceste, souterrainement endormie, et lequel des deux apprit à l'autre qu'elle y était? Combien de temps avant les murmures grossissants des soupçons et l'éclat détonnant du scandale, dura leur haletant bonheur, coupé de remords et de hontes, mais qui devint bientôt assez puissant pour les étouffer?... Séparés en effet, le fils exilé au loin et la fille mariée, de par l'impérieuse autorité paternelle, le fils revint tout à coup au château comme la foudre, et enleva sa sœur comme un tourbillon. Où allèrent-ils engloutir leur bonheur et leur crime, ces deux êtres qui trouvaient le paradis terrestre dans un sentiment infernal?... Questions vaines! On l'a ignoré. Pendant plus d'une année on perdit leur trace et on ne la retrouva qu'à Paris, par un triste jour de décembre, mais pour le coup ineffaçable — sur un échafaud! — et sanglante. Muette sur ce drame intime et profond d'un amour qui n'a eu pour témoins que les murs de ce château, dont les pierres, pour nous, suintent l'inceste encore, et les bois et les eaux qui les virent si délicieusement et si horriblement heureux sous leurs ombres ou sur leurs surfaces et qui n'ont rien révélé de ce qu'ils ont vu à personne, la Tradition, la grossière Tradition qui ne regarde pas dans les âmes, se trouve à bout de tout quand elle a écrit le mot indigné d'inceste et qu'elle a montré du doigt le billot où les deux incestueux couchèrent sous la hache leurs belles têtes, si belles qu'elle-même, la brutale Tradition, les a trouvées belles, et que le seul détail qu'elle n'ait pas oublié, dans cette histoire psychologiquement impénétrable, tient à cette surprenante beauté. Celle de Marguerite était si grande, qu'en montant les marches de l'estrade sur laquelle elle allait mourir et comme elle relevait sa jupe sur ses bas de soie rouge pour ne pas s'entortiller dans ses plis et pour monter d'un pas plus ferme, cette beauté, comme une insolation, égara les sens et la main du bourreau qui allait la tuer, mais qu'elle châtia de son insolente démence en le frappant ignominieusement à la face.

Ceci se passait en place de Grève, le deux décembre 1603, Henri IV régnant. Ce roi qui a entrelacé le surnom de *bon* dans le surnom de *grand* et en a fait le plus glorieux chiffre qu'un souverain puisse jamais porter, sentit, paraît-il, sa bonté hésiter devant le coup de hache de sa justice; mais sa femme, Marguerite de Valois (Marguerite aussi comme la coupable!), raffermit en lui le justicier. Elle avait à son compte, sur son âme, assez d'incestes pour se punir elle-même dans l'inceste de Marguerite de Ravalet.

IV

Et voilà tout ce que l'on sait de cette triste et cruelle histoire. Mais ce qui passionnerait bien davantage serait ce que l'on n'en sait pas!... Or, où les historiens s'arrêtent ne sachant plus rien, les poètes apparaissent et devinent. Ils voient encore quand les historiens ne voient plus. C'est l'imagination des poètes qui perce l'épaisseur de la tapisserie historique ou qui la retourne, pour regarder ce qui est derrière cette tapisserie, fascinante par ce qu'elle nous cache... L'inceste de Julien et de Marguerite de Ravalet, ce poème qui doit peut-être rester inédit, on n'a pas encore trouvé de poète qui ait osé l'écrire, comme si les poètes n'aimaient pas la difficulté jusqu'à l'impossible! Il lui en faudrait un comme Chateaubriand qui fit *René*, ou comme lord Byron qui fit *Parisina* et *Manfred*. Deux sublimes génies chastes, qui mêlaient la chasteté à la passion pour l'embrâser mieux!

C'eût été à lord Byron surtout, qui se vantait d'être Normand de descendance, qu'il aurait appartenu d'écrire, avec les intuitions du poème, cette chronique normande passionnée comme une chronique italienne, et dont le souvenir maintenant ne plane plus que vaguement sur cette placide Normandie, qui respire d'une si longue haleine dans sa force...

Ceux-là qui, dans ces derniers temps, ont rappelé les beaux Incestueux de Tourlaville, en ont remué moins la poussière que la poussière de leur château. C'étaient des âmes d'architectes. Ils ont minutieusement décrit cet ancien castel que la Renaissance, Armide elle-même, avait changé en un château d'Armide.

Mais ils n'en ont su que les pierres. Allez ! les deux spectres des deux derniers Ravalet, qui ont vécu entre ces pierres et qui y ont laissé de leurs âmes, ne sont jamais venus, dans le noir des minuits, tirer par les pieds l'imagination de ces gens tranquilles... L'un d'eux pourtant a dit quelque part qu'il avait cru voir flotter, au tournant d'un sentier dans les bois, la robe blanche d'une Ravalet, qui s'enfuyait sous les ombres crépusculaires. Mais il ne l'a pas poursuivie... Il faut, pour suivre les spectres, avoir plus foi en eux qu'en des figures de rhétorique. Moins rhétoricien, moi, j'ai été plus heureux... Je n'ai pas eu besoin de poursuivre ce que j'étais venu chercher. Les spectres qui m'avaient fait venir, je les ai retrouvés partout dans ce château, entrelacés après leur mort comme ils l'étaient pendant leur vie. Je les ai retrouvés, errant tous deux sous ces lambris semés d'inscriptions tragiquement amoureuses, et dans lesquelles l'orgueil d'une fatalité audacieusement acceptée respire encore. Je les ai retrouvés dans le boudoir de la tour octogone, où je me suis assis près d'eux en cherchant des tiédeurs absentes sur le petit lit de ce boudoir bleuâtre, dont le satin glacé était aussi froid qu'un banc de cimetière au clair de lune... Je les ai retrouvés dans la glace oblongue de la cheminée, avec leurs grands yeux pâles et mornes de fantômes, me regardant du fond de ce cristal qui, moi parti, ne gardera pas leur image! Je les ai retrouvés enfin devant le grand portrait de Marguerite, et le frère disait passionnément et mélancoliquement à la sœur: « Pourquoi ne t'ont-ils pas fait ressemblante? » Car la femme aimée n'est jamais ressemblante pour l'amour!

Ces inscriptions et ce portrait ont été contestés. Quant aux inscriptions, moi-même je ne pourrai jamais admettre qu'elles aient été tracées par eux, les pauvres misérables! et que deux amants qui se savaient coupables, et dont la vie se passait à étouffer leur bonheur, sous les yeux d'un père qui avait le droit d'être terrible, aient plaqué avec une si folle imprudence sur les murs le secret de leur cœur et la fureur de leur inceste. Ces inscriptions, dont quelques-unes sont fort belles, auront été placées là après coup*. Elles étaient dans le génie du temps, et le génie du temps, c'était la passion forcenée. Dans le portrait de Marguerite, il y a aussi un détail suspect, c'est celui des Amours aux ailes blanches dont elle est entourée, — inspiration païenne d'une époque païenne. Parmi ces Amours, il en est un, aux ailes sanglantes. Ce sang aux ailes indique par trop qu'il a été mis là après la mort sanglante de Marguerite; mais je crois profondément à la figure du portrait, en isolant les Amours. Si elle n'a pas posé vivante devant le peintre inconnu qui l'a retracée, elle a posé dans une mémoire ravivée par le souvenir de l'affreuse catastrophe qui fut sa fin.

* En voici quelques-unes :

Un seul me suffit. — Ce qui donne la vie me cause la mort. — Sa froideur me glace les veines et son ardeur brûle mon cœur. — Les deux n'en font qu'un. — Ainsi puissé-je mourir !

Elle est debout, en pied, dans ce portrait, — absolument de face, — et elle ne regarde pas les Amours qui l'entourent (preuve de plus qu'ils ont été ajoutés au portrait), mais le spectateur. Elle est dans la cour du château et elle semble en faire les honneurs, de sa belle main droite hospitalièrement ouverte, à la personne qui regarde le portrait. Ce qui domine en cette peinture, c'est la châtelaine, dans une noblesse d'attitude simple qui va presque jusqu'à la majesté, et c'est aussi la *Normande*, aux yeux purs, qui n'a ni rêverie, ni morbidesse, ni regards languissants et chargés de ce qui a dû lui charger si épouvantablement le cœur. La tête est droite, le visage d'une fraîcheur qu'elle n'a dû perdre qu'au bout de son magnifique sang normand, après le coup de hache de l'échafaud. Les cheveux sont blonds, — de ce blond familier aux filles de Normandie, qui a la couleur du blé mûr, noirci par l'âpre chaleur solaire d'août, et qui attend la faucille .. Eux, ces cheveux mûrs aussi, mais pour une autre faucille, ne l'ont pas attendue longtemps! Elle les porte courts, carrément coupés sur le front, avec deux lourdes touffes, sans frisure, tombant des deux côtés des joues à peu près comme les Enfants d'Edouard dans le célèbre tableau. Elle est grande et svelte, malgré la hauteur de sa ceinture, — vêtue d'une robe *de cérémonie* blanche et rose, dont l'étoffe semble être tressée et dont les couleurs sont de *l'une en l'autre*, comme on dit en langue de blason. Jamais, en voyant ce portrait, on ne pourrait croire que cette belle fille rose, imposante et calme, fût une égarée de l'inceste et qu'elle s'y fût insensément abandonnée... Excepté sa main gauche, qui tombe naturellement le long de sa jupe, mais qui chiffonne un mouchoir avec la contraction d'un secret qu'on étouffe et du supplice de l'étouffer, nulle passion ici n'est visible. Rien de ce qui fait reconnaître les grandes Incestueuses de l'Histoire et de la Poésie, n'a dénoncé celle-ci à la malédiction des hommes. Elle n'a ni l'horreur délirante de Phèdre, ni la rigidité hagarde de Parisina après son crime... Son crime, à elle, qui fut toute sa vie et qui date presque du berceau, elle le porte sans remords, sans tristesse et même sans orgueil, avec l'indifférence d'une fatalité contre laquelle elle ne s'est jamais révoltée. Même sur l'échafaud, elle ne dut pas se repentir, cette Marguerite qui s'appelait aussi Madeleine, mais ne fit pas pénitence pour un crime d'amour, qui, en profondeur de péché, l'emportait sur tous les péchés de la fille de Jérusalem... La Chronique, qui dit si peu de choses, a dit seulement qu'elle prononça que c'était elle qui avait entraîné son frère... Elle accueillit, sans se plaindre et sans protester, l'échafaud comme elle avait accueilli l'inceste, et simplement, parce que la conséquence de l'inceste était, dans ce temps-là, l'échafaud.

V

On a d'elle et de son frère quelques rares lettres imprimées, mais je n'en ai pas vu les autographes. Celles du frère sont ce que devaient être les lettres d'un jeune homme noble de ce temps-là, en passage à Paris. Il l'y appelle « Marguite, » au lieu de Marguerite, — abréviation charmante, presque tendre ; mais on ne trouve pas dans ces lettres un seul mot qui indique le genre d'intimité qu'on y cherche. Avait-il l'anxiété terrifiante de voir ses lettres dans les mains qui pouvaient les perdre tous les deux, et la peur transsie se réfugiait-elle dans l'hypocrisie des frivolités et des insignifiances?... Elle, plus libre, osa davantage dans une page que je vais citer, et où sa passion paraît déborder du contenu des mots, comme une odeur passe à travers le cristal d'un flacon hermétiquement fermé : « Mon « ami, — écrit-elle, — j'ai reçu une lettre « de vous de Paris, qui contient plusieurs « choses qui méritent considération d'au- « cune desquelles il m'était souvenu des « autres; votre lettre que j'ai *brûlée* m'en « a rafraîchi la mémoire et donné sujet de « chérir à nouveau *vostre passion à mon* « *bien dont les* FÉLICITÉS me sont encore « présentes au cœur... Le pèlerinage de « mes jours estant depuis vostre departie « devenu triste et *langoureux*, partant ne « doubtiez pas que je n'aye reçu vos « *propositions* comme elles méritent et ne « tiendra point à ce qui dépend de moi « que vous n'obteniez entière satisfaction « à *ce que vous désirez* et toutes les fois « que vous jugerez à propos de vous « témoigner que je suis, mon ami, votre « fidèle sœur et amie, Marguerite. »

Ailleurs, elle lui dit : « Vos récits de « Paris me mettent en joie avec les *mar-« ques seures de vostre passion qui me sont « plus chères que la vie...* » Ces lettres sont datées de Valognes, où, pendant une absence de son père à Blois, elle a été confiée à madame d'Esmondeville, qui devait la décider à son mariage avec messire Jean Le Fauconnier, vieux et riche de plusieurs seigneuries. « Nous la trou-« vâmes, — dit-elle pittoresquement, — à « moitié couchée sur une sorte de litière. « Elle m'embrassa avec une espèce de pitié « si froide et si dédaigneuse, que je de-« meurai ferme de colère et prête du tout « à rejeter... Elle étoit entre temps et tou-« jours couchée, occupée à rousler en ses « doigts un chappelet et à pincher du « thabac qu'elle fichoit mignardement « dans son nez. A tout cecy, j'étais restée « debout devant la dite d'Esmondeville, qui « jettoit sur moi des regards si sévères que « j'en étois toute meurtrie. — (L'horreur « de l'inceste soupçonné commençait !) — « Peu après de là, une vieille *vint me prendre « par mon écharpe* et me conduisit maugré

« moi en une chambre au plus haut de « l'hôtel et m'y laissa seule jusqu'à la nuit. » Plus tard, on la força d'épouser ce messire Le Fauconnier, et c'est ainsi qu'elle introduisit l'adultère dans l'inceste, mais l'inceste dévora l'adultère, et des deux crimes fut le plus fort. Elle eut des enfants de ces deux crimes, mais ils ne vécurent pas, et elle put monter sur l'échafaud sans regarder derrière elle dans la vie, et ses yeux attachés sur le frère qui montait devant et qui la précédait dans la mort. Après l'exécution, le roi ordonna de remettre leurs deux cadavres à la famille, qui les fit inhumer dans l'église de Saint-Julien-en-Grève avec cette épitaphe :

« Ci gisent le frère et la sœur. Passant, ne t'informe pas de la cause de leur mort, mais passe et prie Dieu pour leurs âmes. »

L'église de Saint-Julien-en-Grève est devenue l'église abandonnée de Saint-Julien-le-Pauvre et ceux qui y passent n'y prient plus devant l'épitaphe effacée. Mais où il faut passer pour prier pour eux, — si on prie, — c'est dans ce château où ils sont certainement plus que dans leur tombe. J'y suis passé cette année, par un automne en larmes, et je n'ai jamais vu ni senti pareille mélancolie. Le château dont alors on réparait les ruines que j'aurais laissées, moi, dans leur poésie de ruines, car on ne badigeonne pas la mort, souvent plus belle que la vie, ce château a les pieds dans un lac verdâtre que le vent du soir plissait à mille plis... C'était l'heure du crépuscule. Deux cygnes nageaient sur ce lac où il n'y avait qu'eux, non pas à distance l'un de l'autre, mais pressés, tassés l'un contre l'autre comme s'ils avaient été frère et sœur, frémissants sur cette eau frémissante. Ils auraient fait penser aux deux âmes des derniers Ravalet, parties et revenues, sous cette forme charmante ; mais ils étaient trop blancs pour être l'âme du frère et de la sœur coupables. Pour le croire, il aurait fallu qu'ils fussent noirs et que leur superbe cou fût ensanglanté...

Imprimé

Le vingt-cinq mai mil huit cent quatre-vingt-six

PAR

ALPHONSE LEMERRE

25, RUE DES GRANDS-AUGUSTINS

A PARIS

www.ingramcontent.com/pod-product-compliance
Ingram Content Group UK Ltd.
Pitfield, Milton Keynes, MK11 3LW, UK
UKHW022150170726
13837UKWH00004B/1904

9 782329 249001